# Le palais de la porte Dorée

Hélène Bocard
*Conservatrice en chef du patrimoine au service de la conservation architecturale du palais de la porte Dorée*

préfacé par

Benjamin Stora, *président du conseil d'orientation du palais de la porte Dorée*

Hélène Orain, *directrice générale du palais de la porte Dorée*

Paris cache encore quelques trésors oubliés. Le palais de la porte Dorée en est un. Le promeneur qui l'aperçoit au loin est frappé par son élégance et la pureté de ses lignes. Un tel monument aux portes de Paris n'est pas chose fréquente. S'approchant, il entrevoit, entre les colonnes, sa façade sculptée, la plus vaste d'Europe. S'approchant encore, la colonnade s'efface pour laisser place à l'émerveillement d'une découverte : celle de l'exceptionnelle richesse

du bas-relief : hommes et femmes, végétaux et animaux, ports français, moyens de transport, tous les éléments de cette « tapisserie de pierre »

rappellent le mouvement, celui des richesses que les colonies fournissent à la métropole et sans lesquelles elle ne pourrait rester puissante.
Pénétrant dans le hall, il sera surpris par son horizontalité, ses proportions.
Il se laissera sûrement guider vers les salons Afrique et Asie, vers les portes monumentales de l'ancienne salle des fêtes du pavillon d'accueil de l'Exposition coloniale.

Le voici maintenant dans le forum. Nouvelle surprise. Monumentale. Un volume immense, une lumière zénithale astucieusement distribuée par les ouvertures dissimulées entre des vagues de béton qui forment, au plafond, un dessin étagé. Mais ce sont surtout les fresques qui retiendront son attention.
Des déesses y symbolisent les continents ; des allégories évoquent les sciences, les arts, la justice, le commerce et l'industrie. Elles côtoient une végétation luxuriante, le travail des indigènes, les réalisations coloniales. À l'opposé du bas-relief de la façade, ces images prétendent ici représenter les apports de la France à ses colonies.
Bâtiment de propagande ? Métaphore de l'idéologie coloniale ? Exceptionnel monument Art déco ?

Le palais de la porte Dorée est assurément tout cela à la fois.
Le récit colonial procède ici clairement par euphémismes et omissions : ni le bas-relief ni les fresques ne décrivent le travail forcé, les exactions ou le régime juridique de l'indigénat.
Rien ou presque ne

fut précisé sur la provenance exacte des œuvres exposées dans le musée des Colonies. Avaient-elles été légalement acquises ou soustraites au patrimoine des pays conquis ? Il faut évidemment raconter cette histoire trop souvent tue, douloureuse encore aujourd'hui. On ne peut, ni ne doit, cependant, se limiter à une approche par trop caricaturale. Le palais de la porte Dorée n'est pas, comme on a pu le dire parfois, le panthéon du colonialisme triomphant et la célébration de la hiérarchie des races.

Des recherches récentes sur l'Exposition coloniale de 1931 en ont aussi montré la face diurne, oubliée et néanmoins fondamentale. Là, au palais, pendant l'exposition et après, de nombreux artistes, créateurs, intellectuels ont découvert la diversité du monde, des cultures, des œuvres et des réalisations humaines qui allaient, par la suite, fonder le socle d'un humanisme renouvelé. Un humanisme certes, encore ambigu, mais qui n'a déjà plus grand-chose à voir avec les discours que Jules Ferry prononçait en 1885 à l'Assemblée nationale pour justifier la politique d'expansion coloniale. Au fond, sa construction a marqué le début d'un crépuscule et le commencement d'une autre histoire.

Cet ouvrage, le premier depuis quinze ans, veut offrir au public l'occasion de redécouvrir cet exceptionnel monument. Raconter différemment son histoire ; décaler l'angle de vue de l'histoire qu'il raconte.

**Affiche de l'exposition coloniale de 1931,** par Dransy.

# L'Exposition coloniale

Peu après les premières expositions universelles, organisées au milieu du XIX$^{e}$ siècle, apparaissent les expositions coloniales : Amsterdam (1883), Londres (1886), Berlin (1896). En France, les premières à s'intituler « coloniales » eurent lieu à Lyon (1894), puis à Rouen (1896) ; suivirent celles de Marseille en 1906 et Paris en 1907. De cette dernière, présentée dans le bois de Vincennes (côté Nogent-sur-Marne), on peut voir encore quelques vestiges dignes d'intérêt. C'est de nouveau dans le bois de Vincennes, mais côté Paris, que se tiendra l'exposition de 1931. Remodelé et aménagé par Adolphe Alphand (1817-1891), sous le Second Empire, le bois de Vincennes est plus démocratique que son pendant, le bois de Boulogne, la population des quartiers qui l'environnent étant différente de celle de l'Ouest parisien. L'exposition de 1931 offrit l'opportunité de développer un quartier défavorisé, peu bâti et en partie occupé par la « zone » et ses logements précaires, sur l'emplacement des anciennes fortifications. L'histoire coloniale est présente à travers la toponymie du quartier : la place Édouard-Renard, baptisée du nom d'un ancien gouverneur général de l'Afrique-Occidentale française, ou la place Daumesnil, qui reçut le nom de place Félix-Éboué, administrateur colonial originaire de Guyane. Afin de ne pas être en reste face à d'autres pays, qui organisaient des expositions et avaient aussi, pour certains, un musée dédié aux colonies (l'Empire Institute à Londres, le musée de Tervuren à Bruxelles, le Tropenmuseum à Amsterdam), il fut question, dès 1910, d'organiser en France une grande exposition internationale et de créer à cette occasion un musée. La nécessité de construire des infrastructures adaptées et de procéder à des aménagements urbains, puis la déclaration de guerre retardèrent le projet. L'exposition ouvrit en 1931, un an après le centenaire de la conquête de l'Algérie, célébré par une exposition à Oran. Contrairement aux grandes expositions précédentes, qui se tenaient dans l'ouest de la capitale, elle fut aménagée aux abords du bois de Vincennes, entre la porte de Picpus (rebaptisée ensuite « porte Dorée », allusion à l'orée du bois) et le lac Daumesnil. Inaugurée le 6 mai 1931 par Gaston Doumergue, elle accueillit, jusqu'au 15 novembre, huit millions de visiteurs. Le quartier s'était considérablement modifié : extension de la ligne de métro n° 8, rénovation du tramway, création de voies nouvelles. Après l'exposition, des immeubles à loyer modéré (ILM) prendront la place des grands pavillons, près du métro, et une nouvelle église, le Saint-Esprit, sera inaugurée, avenue Daumesnil.

Fin juillet 1927, le maréchal Lyautey (1854-1934), de retour du Maroc où il avait exercé comme résident général pendant près de treize ans, est nommé commissaire général de l'exposition, en remplacement de Gabriel Angoulvant (1872-1932), élu député de l'Inde française. Outre le prestige de la fonction, Lyautey devait être séduit par les enjeux urbains et architecturaux, prolongeant ainsi son activité de bâtisseur

**Église du Saint-Esprit** (Paris, XIIe arrondissement), vue intérieure de la coupole.

## Église du Saint-Esprit

Construite de 1928 à 1935 par Paul Tournon (1881-1964) en ciment armé revêtu de briques de Bourgogne, l'église du Saint-Esprit présente la particularité d'une façade prise entre deux immeubles. Son plan reprend celui de Sainte-Sophie, avec une coupole qui culmine à 33 mètres de hauteur. Son décor intérieur, très riche et répondant à un programme ambitieux, est emblématique du renouveau de l'art sacré entre les deux guerres. Paul Tournon a fait appel à une pléiade d'artistes peintres, ferronniers, verriers ; plusieurs d'entre eux ont décoré le palais de la porte Dorée : Louis Bouquet (le *Baptême de saint Rémi à Reims* et le *Concile d'Éphèse*), André et Ivanna Lemaître (*Les foules se pressent autour du saint curé d'Ars*), Jean Dunand (mobilier liturgique), Raymond Subes (grille en fer forgé de la crypte dont le motif d'entrelacs est assez proche de celui du hall d'honneur du palais). Parmi les autres artistes présents, on mentionnera George Desvallières et Maurice Denis, fondateurs des Ateliers d'art sacré, Henri de Maistre, Jean Dupas, Robert Pougheon.

au Maroc. Il était assisté de commissaires adjoints et d'un comité technique. Les objectifs de l'exposition étaient multiples, d'ordre économique et moral. S'il s'agissait d'une manifestation de propagande, destinée à attirer des investisseurs dans les territoires coloniaux, il fallait aussi légitimer la colonisation, affaiblie par la crise économique et par la montée en puissance des mouvements anticolonialistes. Avant tout, l'exposition avait pour ambition de faire découvrir la diversité des peuples et des cultures qui composaient les empires coloniaux ; un des slogans de l'exposition invitait le visiteur à « faire le tour du monde en un jour ».

L'exposition se développait sur un peu plus de 100 hectares, selon un plan général conçu par l'architecte Albert Tournaire (1862-1958). Près de la porte d'honneur, constituée par un alignement de pylônes dû à Léon-Émile Bazin (1900-1976), collaborateur d'Albert Laprade (1883-1978), s'étendait la Cité des informations, grand bâtiment moderne dont le hall était dominé par une toiture en gradins et un dôme octogonal. Les pays étrangers participaient à l'exposition sous forme de pavillons particuliers ou de stands dans la Cité des informations (l'Allemagne, dépossédée de ses colonies par le traité de Versailles, et la Grande-Bretagne, en cours de négociations avec l'Inde). Une quarantaine de pavillons était installée autour du lac (les étrangers au nord, les colonies françaises et les pays sous mandat, ainsi que la Belgique, au sud). Dans chaque pavillon étaient évoqués les paysages, les populations et les traditions d'un territoire ; des expositions, des ventes de produits et des spectacles y créaient une animation permanente. La plupart de ces édifices s'inspiraient des manières de bâtir traditionnelles, sous forme de reproductions plus ou moins fidèles (l'île de Java pour les Pays-Bas, le Congo pour la Belgique, un *tata*♦ soudanais pour l'Afrique occidentale). D'autres pavillons rappelaient l'architecture coloniale, comme celui du Maroc avec ses jardins, par Albert Laprade. Trois bâtiments phares attirèrent nombre de visiteurs : un palais s'inspirant de la mosquée de Djenné, le temple d'Angkor Vat partiellement reconstitué et la basilique de Leptis Magna. L'Exposition de 1931 comptait par ailleurs de beaux exemples d'architecture contemporaine : la Cité des informations, la Section métropolitaine, la tour des Forces d'outre-mer, l'église des Missions

♦**Tata :** *dans l'Afrique occidentale du XIXe siècle, camps fortifiés ou enceintes de villes construites en banco (mélange d'argile et de paille dont on fabrique des briques séchées ensuite au soleil). À l'Exposition de 1931, le pavillon de l'AOF s'inspirait de la forme du tata et de la mosquée de Djenné.*

## Contre l'exposition

Si l'Exposition coloniale rencontra un grand succès populaire, révélant aux visiteurs un univers qui leur était souvent inconnu, elle fut aussi le terrain de nombreux débats et contestations, qui concernaient notamment les populations que l'on avait déplacées pour faire la démonstration de leur savoir artisanal ou pour se livrer à des danses en costume. C'était plus généralement la réalité coloniale dans son ensemble qui était dénoncée par les tenants du mouvement anticolonialiste, qui s'est fortement développé dans les années 1920, rassemblant intellectuels, socialistes et communistes. Des affiches et des tracts furent édités, appelant au boycott de l'exposition, dont le plus célèbre, intitulé « Ne visitez pas l'Exposition coloniale », fut signé par les surréalistes ; une contre-exposition fut organisée de septembre à décembre 1931 par la Ligue contre l'oppression coloniale et l'impérialisme (présidée par Albert Einstein) et la Confédération générale des travailleurs unifiés, dans l'ancien Pavillon soviétique de l'Exposition des arts décoratifs de 1925.

8 | ***Le Palais de la Porte dorée,*** vitrail créé pour la salle des fêtes de la mairie du XIIe arrondissement, par Louis Léglise, 1934.

catholiques. À cela, il faut ajouter les nombreux jeux d'eau, fontaines et éclairages nocturnes, qui participaient d'une certaine modernité et créaient un effet féerique. De l'exposition restent le palais de la porte Dorée, l'église des Missions catholiques de Paul Tournon (remontée en 1932 à Épinay-sur-Seine, classée au titre des monuments historiques en 1994) et, dans le bois, une partie du pavillon de chasse Cameroun-Togo, reconverti en musée des Bois coloniaux avant d'être affecté à l'Institut international bouddhique ; enfin, deux autres bâtiments subsistent : le cottage de George Washington, dit maison du Mount Vernon, en Virginie, racheté par un riche Américain et remonté à Vaucresson ; et l'un des pavillons du Congo belge, reconstruit dans le parc du château de la Rocq-Arquennes, près de Bruxelles. Sans oublier le parc zoologique, établi à Saint-Mandé depuis 1934, qui remplace un zoo temporaire aménagé près du lac Daumesnil pendant l'exposition ; la faune terrestre qui y réside offre un pendant à la faune aquatique de l'aquarium tropical du palais.

***Le Parc zoologique du bois de Vincennes,*** vitrail créé pour la salle des fêtes de la mairie du XIIe arrondissement, par Louis Léglise, 1934.

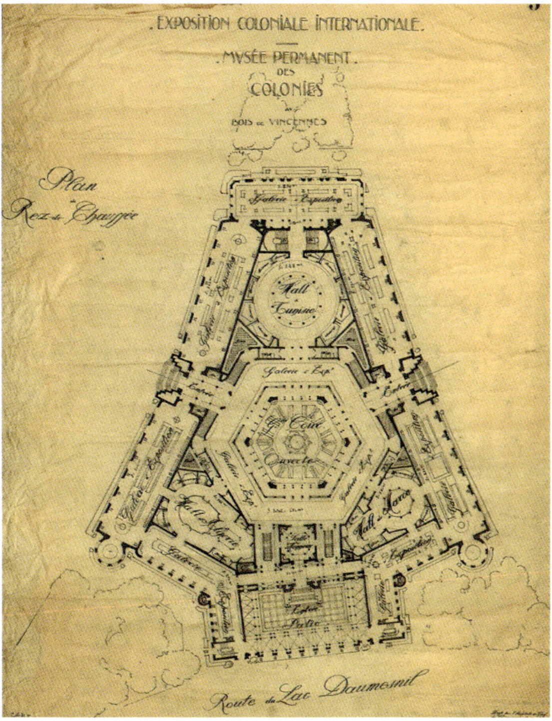


**Projets dessinés pour le palais des Colonies,** par Léon Jaussely (non réalisés) : plan du rez-de-chaussée (27 décembre 1926) et élévation (3 janvier 1927).

# La construction du palais des Colonies

En 1926, Gabriel Angoulvant, commissaire général de l'exposition, nomme Léon Jaussely (1875-1932) architecte du palais des Colonies. Également urbaniste, Jaussely a surtout travaillé pour l'administration des PTT et il fut, en 1925, en charge de l'Exposition internationale de la houille blanche et du tourisme à Grenoble. Les premiers projets connus

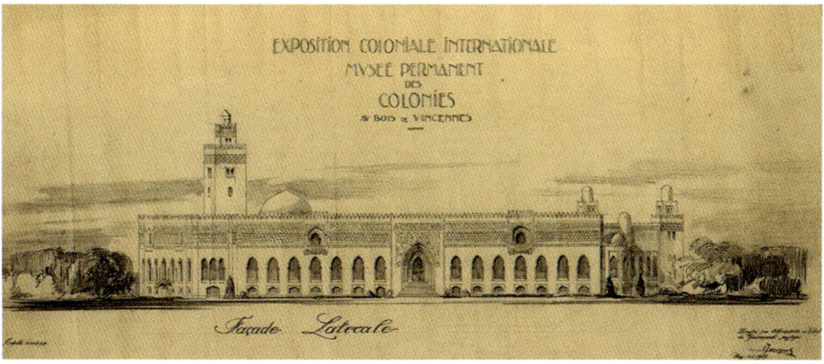

de Jaussely, en décembre 1926, situent le musée plus près du lac. Le style est d'inspiration exotique, hésitant entre la Perse et l'Afrique. L'architecte prévoit trois halls couverts de coupoles, dédiés à l'Algérie, au Maroc et à la Tunisie, des minarets et des arcades. En février 1927, Jaussely, souvent absent et malade, est pressé de s'adjoindre un assistant ; il propose Albert Laprade, qui a travaillé pour l'administration de Lyautey au Maroc. Fin mai 1927, le comité technique examine les avant-projets des deux architectes ; ayant très vite écarté l'inspiration exotique au prétexte que l'on ne doit pas privilégier un style ou un pays plutôt qu'un autre, il appuie l'idée de Laprade d'une façade avec colonnade. Laprade propose une esquisse avec un bas-relief♦ en façade, « grande tapisserie de pierre aux tonalités chaudes rehaussées de couleur et d'or, tapisserie abritée par une sorte de dais léger évoquant les pays du soleil dans une note neutre et moderne » (Archives nationales, fonds Laprade, 403 AP 12). Le projet évolue ensuite vers un plus

**Alfred Janniot** devant la maquette du bas-relief, photographie, s. d.

**Dessin de la façade du palais des Colonies,** par Léon Jaussely et Albert Laprade, 1929 ; l'allure générale du palais (façade et toiture) est déjà fixée même si le projet sera appelé à évoluer.

grand dépouillement ; la seule concession à l'exotisme, des statues de lions sur l'escalier et des statues de bouddhas aux angles (1er juin 1927), disparaît du projet final, daté du 29 juin. Après quelques ajustements (réduction de la hauteur du bâtiment, élargissement de la galerie, abandon des coupoles en béton translucides), il est retenu par le comité technique. Le 13 juillet, la procédure d'adjudication est engagée. Angoulvant est alors remplacé par Lyautey. Le maréchal, qui manifestait un véritable intérêt pour l'architecture de son temps, notamment pour Le Corbusier, aurait sans doute, s'il avait été présent au début du projet, pris parti pour une architecture plus moderne et pour une façade sans décor.

Laprade propose un plan centré symétrique composé d'un grand vide central (salle des fêtes) et de deux vides latéraux (halls), le tout entouré de deux niveaux de galeries. Contrairement à l'Allemagne et au Royaume-Uni, qui s'inspiraient du temple antique, le modèle muséal qui prévalait en France depuis le Louvre était le palais ; le musée des Colonies serait, peut-être, un des derniers avatars de ce modèle. Si l'on trouve des plans approchants dans certains grands musées du XIXe siècle (les musées des Beaux-Arts de Lille ou de Rouen), celui-ci, on le verra, conjugue plusieurs influences. Et si, dans le cas des grands musées construits au XIXe siècle, le programme est établi d'avance (la sculpture au rez-de-chaussée, la peinture à l'étage), ici, les architectes ont dû opérer sans programme précis. Début 1928, il est question d'inclure dans le bâtiment le musée de la Marine, hébergé au Louvre. Laprade propose de doubler le bâtiment en profondeur vers le nord, un patio central

♦***Bas-relief :*** *ouvrage de sculpture en faible saillie sur un fond uni (par opposition au haut-relief).*

12 | **Vue du palais en perspective,** Léon Jaussely et Albert Laprade, reproduction photographique d'un dessin, 1929.

***Lanterneau :** petite construction basse, généralement de plan carré ou rectangulaire, percée de fenêtres et placée au faîte d'un toit. Il sert habituellement à donner de la lumière (éclairage indirect) aux parties situées sous le toit. Ici, les lanterneaux qui couvrent l'étage supérieur du palais revêtent deux formes, circulaires et rectangulaires.*

***Ziggourat :** édifice religieux d'origine mésopotamienne fait de la superposition de plates-formes de dimensions décroissantes dont la plus petite, au sommet, porte une chapelle.*

séparant les deux musées. Le projet n'aboutit pas et le bâtiment conservera les dimensions qu'on lui connaît (5 000 mètres carrés au sol), qui, de ce fait, resteront inférieures à ses homologues d'Amsterdam ou de Bruxelles. Il s'agit alors du seul palais construit à Paris depuis 1900 et d'un des musées les plus modernes de France, aux salles vastes, aérées, bien éclairées, permettant une circulation aisée, qui précède de quelques années ceux de la colline de Chaillot, construits pour l'Exposition de 1937 ou le musée des Travaux publics d'Auguste Perret (actuel Conseil économique et social, palais d'Iéna), inauguré en 1939. Un des éléments modernes du bâtiment réside dans le mode de couverture adopté pour les trois espaces centraux. La couverture du forum est la plus spectaculaire : la coupole initialement prévue est remplacée par des lanterneaux♦ en terrasses que l'on a comparés à une ziggourat♦ ou à une pagode, avec lesquels éclairages diurne et nocturne sont confondus à travers un savant dispositif. Les sources de Laprade, tant pour le plan d'ensemble que pour la toiture, gagneront à être précisées par des recherches. En plus du palais méditerranéen et du palais asiatique, dont il reprend le plan général, l'architecture coloniale en est une des composantes, si l'on en juge d'après

## Albert Laprade
## (Buzançais, 1883 – Paris, 1978)

Formé à l'École nationale supérieure des beaux-arts, Laprade échoue au prix de Rome avec un projet de palais colonial. Au Maroc, il participe aux grands travaux d'urbanisme et d'architecture de l'administration Lyautey (1915-1920), puis, à Paris, il crée son agence, avec Léon Bazin (1900-1976) comme associé. Remarqué à l'Exposition de 1925, avec le Studium Louvre et des jardins, il construit des villas pour des particuliers et reçoit des commandes officielles : le palais des Colonies (1927-1931), l'ambassade de France à Ankara (1934-1937), la Cité universitaire (trois bâtiments entre 1933 et 1954), où architecture et décor sont intimement liés. Intéressé par l'éclairage électrique et son interaction avec l'architecture, c'est à lui que l'on doit à Paris le garage Marbeuf (1929), l'Office central électrique (1931-1932), l'immeuble de la Compagnie parisienne de distribution d'électricité (1933-1934). Laprade est également l'auteur de nombreux bâtiments industriels : le barrage-usine de Génissiat (1938-1949), l'usine de superphosphates à Issoudun, les usines Renault à Billancourt. Il est par ailleurs l'architecte du premier secteur sauvegardé à Sarlat. Le style de cet admirateur de l'architecture classique française et d'Auguste Perret se caractérise par un modernisme tempéré, ennemi de l'ornement superflu.

**Portrait d'Albert Laprade** (détail de la fresque de Pierre-Henri Ducos de La Haille, l'Architecture).

certains bâtiments qui figuraient dans l'Exposition de 1931 : le grand patio avec coursives du pavillon de Madagascar, les toitures en gradins de la Cité des informations ou du pavillon de la Guadeloupe.

Une fois la procédure d'adjudication engagée, Laprade se consacre au choix des pierres, les matériaux et leur mise en œuvre participant, selon lui, du parti décoratif de l'édifice. Ici, il mélange moellons provenant des fortifications, béton bouchardé (corniche), pierre de Villebois (socle), pierre de Ravières (façades latérales), granit breton de Huelgoat et du Forez (perron et margelle). La première pierre est posée le 5 novembre 1928. La construction, qui dura dix-huit mois, s'est faite à l'économie, le gros œuvre étant constitué, pour l'essentiel, de béton armé et de moellons. Sachant qu'au départ les architectes ne disposaient d'aucun programme précis, et que celui-ci s'est affiné au cours des travaux, on ne peut qu'admirer l'unité d'exécution et de style qui en résulte. Ainsi, la décision d'aménager un aquarium au rez-de-chaussée inférieur n'apparaît que tardivement, en octobre 1929

**Statue de la France de Léon Drivier** sur les marches du musée permanent des Colonies lors de l'inauguration de l'Exposition coloniale, 1931.

(initialement, étaient prévus un bureau de poste, un bureau des douanes, un poste de police, etc.). Ayant travaillé au Maroc sous sa direction, Laprade bénéficiait de la confiance de Lyautey pour le choix de ses collaborateurs. Pour le relief de la façade, Laprade pensa à Alfred Janniot (1889-1969), choix qui fut appuyé par Antoine Bourdelle. Le projet de Janniot est examiné le 15 février 1929, et le 20 juin les plaques de pierre destinées à être sculptées sont posées.

**Vue aérienne de l'Exposition coloniale de 1931,** avec, au premier plan, le palais des Colonies.

**Albert Laprade et Alfred Janniot** devant la maquette du bas-relief, photographie, s. d.

***Plan de l'Exposition coloniale de 1931,*** par Gaston Goor, huile sur toile, 1931.

# Du musée des Colonies au musée des Arts africains et océaniens (1931-1960)

Plus qu'un musée, le palais des Colonies devait être, dans l'esprit de Lyautey, un organisme de renseignements vivant et une annexe du futur grand office colonial projeté dans le centre de Paris (jamais réalisé), sur le modèle de l'Empire Institute de Londres. En plus du zoo et de l'aquarium, deux sections principales structuraient le musée : la section rétrospective au rez-de-chaussée supérieur et la section de synthèse à l'étage. La première retraçait l'histoire de la colonisation française depuis les croisades, selon un parti chronologique : œuvres d'art, manuscrits, cartes géographiques, dioramas permettaient d'évoquer les

grandes figures historiques. Une section annexe était dédiée à l'influence de l'exotisme colonial sur l'art et la littérature de la métropole, avec une salle consacrée à *Paul et Virginie* de Bernardin de Saint-Pierre. À l'entresol étaient présentées les collections d'ethnologie et d'anthropologie, qui permettaient de mieux connaître les ethnies vivant dans l'empire colonial, ainsi que leurs arts (entre 1931 et 1934, la collection d'art noir bénéficia d'un grand nombre de prêts de collectionneurs célèbres : Louis Carré, Charles Ratton, Paul Guillaume, Tristan Tzara). La section de synthèse, qui traitait de la période 1879-1931, à travers ses aspects économiques et anthropologiques, se développait autour de deux thèmes : les efforts de la France pour élever la civilisation indigène (action sociale, enseignement, hygiène, santé) et les efforts fournis pour la mise en valeur des sols (agriculture, travaux publics). De nombreux dioramas et panneaux pédagogiques mettaient en scène les différents produits et matériaux, depuis la matière première jusqu'à l'objet fabriqué. Au milieu de la galerie sud, sur deux niveaux, Laprade aménagea une bibliothèque et un salon de repos, où le visiteur pouvait se documenter sur les colonies ; le mobilier, en placage de palissandre, était complété par un ensemble de dix panneaux de laques♦ par Jean Dunand (1877-1942). Rénovateur de la laque en France, formé auprès d'un artiste japonais, Dunand avait collaboré en 1925 à « l'hôtel du collectionneur » de Jacques-Émile Ruhlmann (1879-1933). Les thèmes

♦***Laque :***
*matière résineuse extraite de certains arbres d'Extrême-Orient (arbres à laque ou sumacs) ; par extension, vernis préparé avec cette résine dont on recouvre meubles, objets ou panneaux décoratifs. Mis au point en Asie, le procédé est à la mode dans l'Occident du XVIIIe siècle puis de nouveau à la fin du XIXe siècle et dans la première moitié du XXe siècle. Plusieurs artistes se formèrent chez le laqueur japonais Seizo Sugawara, installé à Paris, dont Jean Dunand et Eileen Gray.*

**Trois panneaux** (sur une série de dix) décorant la bibliothèque du musée des Colonies en laque de Coromandel.

*Ci-dessus*
**Tigre.**

**Éléphants.**

# Les laques de Jean Dunand

Au sein du parcours du musée des Colonies, Laprade avait aménagé, à l'étage, dans la galerie sud, sur deux niveaux, un bureau de renseignements sur les colonies, avec un salon de repos et une bibliothèque. L'ensemble était organisé avec plusieurs éléments de bibliothèques, de tables, de sièges, de vitrines (médailles) et de pupitres à partir d'un mobilier avec placage en palissandre de Macassar réalisé par la maison Dennery. Une des particularités de cet espace résidait dans son décor, constitué de dix panneaux de laques créés par Jean Dunand (1877-1942), un des rénovateurs de la technique de la laque en France au XXe siècle. Comme Eileen Gray, Dunand s'était formé à la laque auprès de Seizo Sugawara, maître laqueur japonais venu à Paris. À l'Exposition des arts décoratifs de 1925, il collabore avec Jacques-Émile Ruhlmann dans son « hôtel du collectionneur » ; plus tard, au Salon d'automne, il travaille avec Eugène Printz.

**Vue d'une partie de la bibliothèque** installée dans le musée.

***Coromandel :*** *côte située au sud-est de l'Inde. Au XVII^e siècle, le commerce et l'importation d'objets d'ameublement en provenance de la Chine vers l'Europe se faisaient par route maritime et passaient par cette côte. Par extension, on a associé le nom de Coromandel aux laques qui y transitaient comme si c'était le lieu de leur fabrication.*

Les panneaux conçus par Dunand représentaient des Africains (Sénégal, Cameroun, Maroc) et des animaux dans la forêt, au milieu d'une nature exubérante, thèmes qu'il avait déjà traités pour le paquebot *Atlantique* (Bouquetins affrontés, Tigre se désaltérant). Ils sont exécutés selon des techniques différentes : deux sont de laque noire ciselée, incrustée d'or et d'ivoire (les Sénégalais) ; quatre sont des laques mates sur fond d'aluminium recouvert d'argent, suivant le procédé de la « laque arrachée » (Peuples d'Afrique et Peuples d'Asie ; Tigre ; Bouquetins affrontés). Un autre est en laque de Coromandel* noire, gravée et colorée en creux, d'après le procédé de la « laque défoncée » (la Forêt ou le Tigre se désaltérant). Un autre panneau, offert par la Banque internationale pour l'Afrique-Occidentale, représentant un éléphant, relève du même traitement en relief, coloré en rouge, ocre et vert, à l'effet somptueux. À la suite de cette commande officielle pour laquelle il remporta le grand prix de l'exposition, Dunand réalisa des panneaux de laque pour le paquebot *Normandie* et participa à d'autres expositions internationales, comme celle de 1937 à Paris ou celle de 1939 à New York.

**Peuples d'Afrique** (Sénégal).

## Les dioramas

Le diorama est un mode d'exposition complexe qui se caractérise par la mise en scène d'une situation et de son environnement d'origine. Il est constitué généralement d'un décor factice composé d'un fond peint, de figures en deux ou trois dimensions, d'éléments de scénographie et d'une vitre séparant la scène du spectateur. La plupart se trouvent dans les muséums et dans les musées d'ethnographie. Ils connaissent aujourd'hui un regain d'intérêt et séduisent les artistes. En 1931, de nombreux dioramas conçus à des fins pédagogiques jalonnaient le parcours du musée des Colonies, véritables microcosmes faisant écho au regard que l'on portait sur le monde colonial. Pour illustrer les matières premières de la section de synthèse, on commanda à des artistes huit dioramas présentés dans de grandes vitrines en bois avec un éclairage intégré; quatre subsistent (*Café et canne à sucre*, *Fruits et légumes*, *Tabac et dattier*, *Vanille et girofle*) et le fond peint d'un cinquième (*Palmier à huile et arachide*). Celui de Marcelle Ackein (1882-1952), qui reproduit un marché en Afrique, est le plus original de la série, caractérisé par un style synthétique.

***Fruits et légumes,*** par Marcelle Ackein, intérieur d'un diorama, 1931.

retenus pour la bibliothèque, exécutés dans différentes techniques (laque « arrachée », laque « défoncée »), s'inspiraient principalement de l'Afrique : Sénégalais, Tigre, Bouquetins affrontés, Éléphants. Après la fermeture de l'exposition, une partie des collections fut rendue et le palais fut réaménagé. Gaston Palewski (1901-1984), ancien collaborateur de Lyautey au Maroc, amateur d'art et homme de musées, ami de Georges-Henri Rivière, fut chargé d'organiser le futur « musée des Colonies et de la France extérieure » et de reconstituer une partie des collections en négociant des prêts avec des musées; à son départ, fin 1933, une partie de la section historique était de nouveau présentée. En 1934, Ary Leblond (1877-1958) lui succéda et le musée rouvrit intégralement ses portes en janvier 1935, rebaptisé très vite « musée de la France d'outre-mer ». Connu sous le pseudonyme d'Ary Leblond, Merlo Aimé, d'origine réunionnaise, était très lié aux milieux

**Vue d'une salle du musée des Colonies** (la marine marchande) avec des vitrines en dos d'âne.

artistiques et littéraires; avec son *alter ego* Georges Athénas (Marius Leblond), il avait publié des romans et des critiques d'art et les deux hommes étaient à l'origine du musée Léon-Dierx à Saint-Denis de La Réunion. Si les orientations du musée restent les mêmes, Leblond lui donne une inflexion plus artistique, excluant par exemple des études à caractère trop ethnographique ou des statistiques. Les sections qui structurent le musée sont en partie identiques, mais renommées et enrichies de nouvelles collections : au rez-de-chaussée, la galerie historique et l'art colonial; à l'entresol, les arts indigènes (incluant une section archéologique et une section sur les manifestations de l'art noir dans les arts appliqués); à l'étage, la section économique et sociale et une présentation par colonie. Le musée connaît son heure de gloire entre 1935 et 1950, réputé pour ses expositions et pour sa muséographie innovante. À partir de 1937, il prend un tournant plus ethnographique. En plus des quatre grands dioramas, le palais conserve, de cette période (1931-1960), un important mobilier muséographique et didactique : vitrines octogonales en métal dessinées par Laprade, vitrines en dos d'âne, meubles-présentoirs et panneaux pédagogiques.

**Vue d'une salle du musée des Colonies** (produits végétaux) avec des dioramas.

# Du musée des Arts africains et océaniens à la Cité nationale de l'immigration (1960-2007)

En 1960, André Malraux, ministre de la Culture, crée le musée national des Arts africains et océaniens, qui rompt avec la vision coloniale et reconnaît à part entière l'art des deux continents. Un choix est fait dans les collections du musée de la France d'outre-mer et une politique d'acquisition ambitieuse est mise en place. Le musée se développe à partir de trois sections : l'Océanie (au rez-de-chaussée), l'Afrique subsaharienne (à l'entresol) et le Maghreb (à l'étage). Le bâtiment acquiert alors une nouvelle fonction,

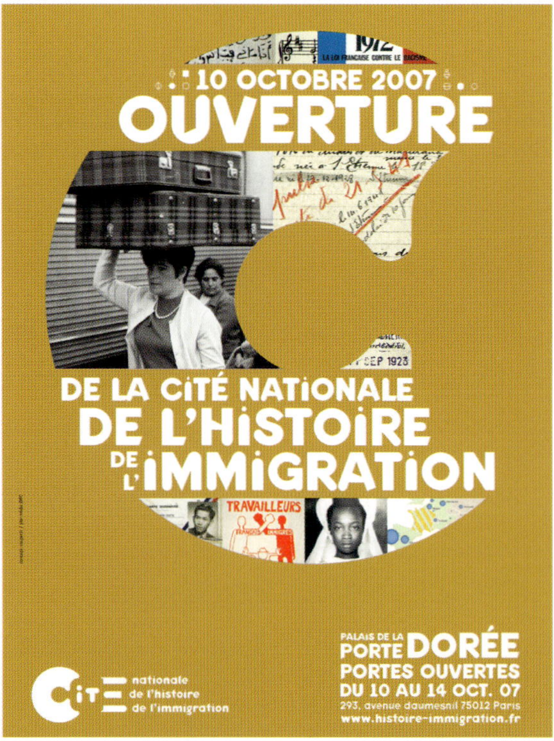


**Affiche créée pour l'ouverture de la Cité nationale de l'histoire de l'immigration,** 2007 (agence CSUPER).

**Famille polonaise tenant une boucherie dans le Nord,** par Kasimir Zgorecki, années 1920-1930.

celle de commémoration d'un idéal colonial, et en 1987, il est classé au titre des monuments historiques (ainsi que les deux salons). Une active politique d'expositions est mise en œuvre jusqu'à sa fermeture en 2003. Les collections sont ensuite transférées au musée du quai Branly, construit par Jean Nouvel. Après plusieurs projets sans lendemain, il est finalement décidé d'affecter le palais à la Cité nationale de l'histoire de l'immigration, qui ouvre en 2007. D'importants travaux d'aménagement intérieur sont réalisés par l'agence Patrick Bouchain, qui transforment le hall d'honneur (cafétéria, billetterie, librairie), les galeries latérales (auditorium, ateliers, salles de réunion, médiathèque), le forum, la partie nord, l'étage (bureaux et salle d'exposition temporaire). En décembre 2014, le musée national de l'Histoire de l'immigration est inauguré par François Hollande.

## Le musée de l'Histoire de l'immigration

Faire évoluer les regards et les mentalités sur l'immigration en France, contribuer ainsi à la reconnaissance des parcours migratoires et à l'intégration des populations venues d'ailleurs dans la société française, telles sont les missions du musée national de l'Histoire de l'immigration. La France, en effet, est le plus vieux pays d'immigration d'Europe. Pourtant, elle ne se reconnaît pas comme une nation dont la langue, la culture, les villes, les industries et la société dans son ensemble ont été façonnées par celles et ceux qui, s'installant sur notre territoire, ont apporté leurs traditions et leurs savoir-faire et ont contribué à faire de la France ce qu'elle est aujourd'hui. La galerie permanente du musée « Repères », qui retrace deux cents ans d'histoire de l'immigration à travers les œuvres de ses collections, sa galerie des dons, ses expositions temporaires, ses ressources en ligne, sa programmation culturelle, ses conférences et ses activités hors les murs permettent à tous les publics de découvrir ces aspects méconnus et pourtant essentiels de notre histoire nationale. En 2017, près de 250 000 visiteurs ont pu bénéficier de l'une de ses activités.

Hélène Orain

# De la Cité au musée national de l'Histoire de l'immigration

En avril 2003, Jacques Toubon est chargé par le Premier ministre, Jean-Pierre Raffarin, d'une mission de préfiguration d'un « centre de ressources et de mémoire de l'immigration ». Après une année de débats et de réflexions, la mission Toubon propose d'installer un musée national de l'Histoire et des Cultures de l'immigration dans le palais de la porte Dorée, laissé vide par le départ du musée national des Arts d'Afrique et d'Océanie fin 2003. En juillet 2004, Jean-Pierre Raffarin annonce la création du musée, lequel prendra le nom de « Cité nationale de l'histoire de l'immigration ». Patrick Bouchain et l'agence Construire sont chargés de rénover le bâtiment en vue de l'installation de la nouvelle institution. Le chantier va durer cinq ans et l'exposition permanente, livrée en octobre 2007, est ouverte au public alors que le palais est encore en pleins travaux. En 2012, la Cité et l'aquarium tropical sont réunis dans un établissement public unique dont la fonction est de développer l'ensemble patrimonial du palais

**Affiche créée pour l'exposition « L'immigration ça fait toujours des histoires ».** 2013 (agence BETC).

de la porte Dorée et les deux entités qu'il abrite. En 2014, le musée national de l'Histoire de l'immigration est enfin inauguré par le président de la République et prend son appellation actuelle.

Luc Gruson

**Affiche créée pour l'exposition « *Ciao Italia!* »,** 2017 (agence BETC).

# La médiathèque Abdelmalek Sayad

## (Beni Djellil, Algérie, 1933 – Paris, 1998)

Pôle documentaire de référence, la médiathèque, baptisée du nom d'un sociologue algérien dont les archives ont été versées à la Cité nationale de l'histoire de l'immigration en 2006 avant d'être déposées aux Archives nationales, met à disposition de tous un ensemble de contenus diversifiés portant sur l'histoire et les cultures de l'immigration.

À côté d'un fonds de références scientifiques qui rassemble plus de 15 000 ouvrages en sciences humaines et sociales, plus de 500 thèses et une centaine de titres de revues spécialisées, la médiathèque propose une sélection importante de livres d'art. Elle développe depuis ses débuts un fonds de littérature générale (romans, essais, bandes dessinées), qui fait écho au prix littéraire de la porte Dorée, créé en 2010, et présente également de nombreux ouvrages et documents pour la jeunesse. Près de 800 affiches et plus de 2 000 films (documentaires et fictions) complètent l'offre. Les activités liées à l'audiovisuel ont été particulièrement enrichies à travers des cycles de programmation de films ou encore par l'accueil d'une résidence de réalisation.

Depuis l'automne 2016, la médiathèque propose un service de prêt à domicile. Alors que l'ensemble des collections est consultable sur place, les œuvres de fiction et les films peuvent désormais être empruntés gratuitement.

Stéphanie Alexandre

# Visite

# La place Édouard-Renard

En arrivant du métro ou du tramway, on traverse la place Édouard-Renard, dont l'esplanade centrale comprend une fontaine monumentale en gradins de l'architecte Louis Madeline (1882-1962) dominée par *La France apportant la paix et la prospérité aux colonies.* Cette statue de 5 mètres, en bronze doré, figurait, en 1931, sur le palier de l'escalier du palais. Initialement, la commande avait été passée à Antoine Bourdelle (1861-1929), décédé trop tôt. Léon Drivier (1878-1951), qui le remplaça, s'inspira néanmoins d'un de ses projets pour une statue de la France, qu'il affubla d'un casque gaulois ; du projet de Bourdelle, il reprit la position martiale et le bras droit levé brandissant une lance ; la main gauche tient une statue de la Victoire dans laquelle se déverse une corne d'abondance.

# La grille d'entrée

Un peu plus loin s'élève le palais, protégé par une belle grille en fer forgé décorée de triangles dorés évoquant des pointes de flèches, due à Jean Prouvé (1901-1984) ; Prouvé, qui s'est fait remarquer à l'Exposition de 1925, se trouve déjà à la tête d'un important atelier de ferronnerie d'art et de production de mobilier en série. Il vient de collaborer avec Laprade au garage Marbeuf, dont il a réalisé les balustrades. La grille est flanquée de deux grandes piles de pierre, surmontées de deux groupes de lionnes en granit par Henri Navarre (1885-1971), artiste qui s'est illustré dans différentes techniques (sculpture, peinture, vitrail, médailles) et qui participa aux grands chantiers décoratifs de son temps.

**Groupe de lionnes** en granit, par Henri Navarre.

**Détail de la grille** de Jean Prouvé.

**Vue panoramique** du bâtiment et de la grille depuis la rue.

# La façade

De part et d'autre du perron, de longs bassins avec des jets d'eau inscrivent le bâtiment dans une ambiance aquatique, rappelant les miroirs d'eau des palais marocains et le goût de Laprade pour les jardins. La façade se développe sur une longueur de plus de 88 mètres et une hauteur de 18,5 mètres sous la corniche. Sur un soubassement haut de 1 mètre, décoré de triangles à la pointe inversée par rapport à ceux de la grille, une galerie-péristyle longe la façade et déborde sur les côtés. Elle est constituée de fines piles de section carrée (70 centimètres de côté) en béton armé recouvert de granit du Forez. Ces piles, surmontées de chapiteaux d'inspiration ionique, mais d'un style plus

**Détail de la façade latérale est.**

*Double page suivante*
**Détail de la façade sud.**

géométrique, supportent une large corniche en saillie, en avancée au-dessus du perron, qui abrite les façades de la pluie et dissimule les lanterneaux de la terrasse. L'idée d'un style exotique ayant été écartée, c'est à la tradition gréco-latine que se rattache le bâtiment, même si Laprade, on l'a vu, évoqua à son sujet « les pays du soleil » et dit avoir pensé à la colonnade de Perrault au Louvre et au garde-meuble de Gabriel à la Concorde. Avec cette façade, Laprade propose un habile compromis entre l'antique et le moderne, entre le style métropolitain et l'architecture des colonies, mêlant monumentalité (l'ordre colossal de la galerie) et légèreté (la finesse des piliers). On l'a rapproché d'autres édifices contemporains : le Club d'été de Lipótváros, à Budapest, par Pierre Vago (1912), le pavillon de la Suède à l'Exposition de 1925, par Carl Bergsten, ou différents projets pour le palais de la Société des Nations à Genève (1927). La verticalité accentuée se retrouvera dans l'immeuble édifié par Laprade, rue de Rennes (1933-1935) ; et les fines piles de béton dans l'ambassade de France à Ankara (1934-1937) ou dans le pavillon de l'Irak à l'Exposition de 1937.

**Détail de la façade principale** avec le soubassement et le bassin.

32 **L'Abondance.** Détail du bas-relief de la façade par Alfred Janniot.

***Tercé Normandoux :** le Normandoux est une pierre de couleur jaune extraite d'une carrière située à Tercé (Haute-Vienne) ; elle fut souvent utilisée pour l'entretien des monuments historiques. Sa texture légèrement grenue convient bien aux travaux de sculpture et se patine uniformément avec le temps.*

***Méplat :** bas-relief de faible épaisseur, constitué de deux plans : celui des formes sculptées et celui du fond obtenu en évidant la matière.*

# Le bas-relief

Sous la galerie, le décor sculpté d'Alfred Janniot envahit la totalité du mur, ne laissant aucune place au vide.
La façade est recouverte d'un placage de 17 centimètres d'épaisseur en tercé Normandoux♦ du Poitou, dont la tonalité jaune contraste avec les piliers. Le relief, haut de 13 mètres, couvre une surface de 1 128 mètres carrés ; il est traité quasiment en méplat♦ (10 centimètres d'épaisseur).
Le thème général est « L'apport des colonies à la France ». Au centre, au-dessus de la porte, trône l'Abondance (la France ou la mère-patrie) entourée de la Paix et de la Prospérité (Pomone) ; de part et d'autre, sont évoqués les ports français par où arrivent les marchandises (Marseille, Le Havre, etc.), ainsi que l'aéroport du Bourget (ouvert en 1919), représenté par un avion. Le relief présente, à gauche, l'Afrique et l'Océanie (Madagascar et les Antilles sur la façade latérale) ; et à droite, l'Asie et les colonies françaises d'Amérique (le Tonkin et les îles du Pacifique). Sur la façade latérale ouest, on peut lire une dédicace à ceux qui ont

# Alfred Janniot (Paris, 1889-1969)

Formé à l'École nationale supérieure des beaux-arts, lauréat du prix de Rome de sculpture (1919), Janniot fut remarqué à l'Exposition de 1925 (*À la gloire de Jean Goujon*). Les *Horreurs de la guerre* et les *Bienfaits de la paix*, reliefs du monument aux morts de Nice (1928), sont empreints d'une puissance expressive, d'une stylisation et d'un modelé vigoureux, qui s'inspirent beaucoup de Bourdelle. En plus du palais de la porte Dorée (1931), Janniot participa à de nombreux chantiers : les paquebots *Île-de-France* (1927) et *Normandie* (1935), l'hôtel de ville de Puteaux (1934), la chambre de commerce de Châteauroux (1934), la Bourse du travail de Bordeaux (1936). Au palais de Tokyo (1937), les *Légendes de la terre* et *Légendes de la mer*, à la composition aérée, marquent le sommet de son art. On lui doit aussi des statues isolées, ainsi que des cartons de tapisserie. Comme ses amis peintres, côtoyés à la Villa Médicis, Janniot fut influencé par l'art de la Renaissance et, avec eux, illustra le renouveau des arts figuratifs dans le décor monumental.

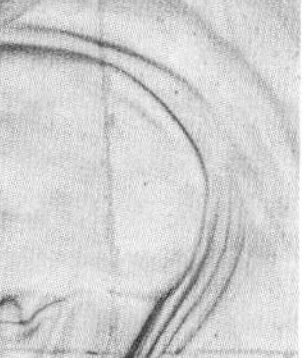

**Portrait d'Alfred Janniot** devant la maquette du bas-relief, photographie, s. d.

**Tigre et python,** Indochine.

*Page de droite*
**Arts indigènes,** Annam. Détails du bas-relief de la façade par Alfred Janniot.

**Piroguiers,** Oubangui.

construit l'empire colonial français, suivie de leurs noms. Sur le relief, des inscriptions permettent de préciser certains sujets. L'Afrique est caractérisée par une composition dynamique traduite par des obliques (lances des scènes de chasse, pagaies des piroguiers, scieurs de long), alors que l'Asie est plus calme. On attirera l'attention sur quelques détails : une scène de chasse à l'hippopotame ; un singe attrapant des fèves de cacao ; un sculpteur annamite modelant une statuette ; un radeau sur le Mékong ; la pêche au filet en Cochinchine ; la récolte du caoutchouc au Cambodge ; le repiquage du riz en Cochinchine. Moins visibles, car situées en hauteur, figurent des scènes de vendanges ou de tissage en Afrique du Nord. Particulièrement séduisants sont le rendu des oiseaux, des poissons, des chevelures féminines, ou encore les courbes sinueuses des palmes et des algues. Pour donner de la profondeur, le sculpteur a procédé par plans très simples, renonçant à tout effet de perspective, créant un rythme harmonieux de lignes réparties en grandes masses. Les scènes sont distribuées verticalement et tous les personnages sont à la même échelle. Quelques éléments dominent l'ensemble,

ARTS

**Pêche,** Annam.

*Page de droite*
**Chasse au crocodile,** Madagascar; **Caoutchouc,** Cambodge; **Flétrissage du thé,** Annam; **Soie et coton,** Indochine. Détails du bas-relief de la façade par Alfred Janniot.

comme les éléphants ou les voiles des bateaux. Les figures principales (hommes et animaux) convergent vers le centre, de façon symétrique; des groupes se forment, où se font face éléphants et dromadaires en Afrique, ou buffles et éléphants en Asie. La confusion qui pourrait naître de la multitude d'éléments est évitée grâce aux contrastes entre les volumes et grâce aux jeux de lignes; il ressort de l'ensemble une grande unité. Tout en s'attachant à rendre des types humains différenciés, des animaux et une végétation identifiables, Janniot inscrit son relief dans une sorte d'intemporalité, juxtaposant une allégorie (la France), des figures mythologiques (Pomone) et des sujets inspirés du monde réel. Bien qu'il n'ait pas été son élève, Janniot avait beaucoup appris de Bourdelle, entre autres du décor du théâtre des Champs-Élysées, dont l'influence, déjà très perceptible dans le monument aux morts de Nice (1928), ressurgit ici, en particulier pour l'adaptation au cadre parfois contraignant (entre les

CAOUTCHOUC

THE

COTON
SOIE

**Fonds sous-marins,** Afrique ; **Récolte du riz,** Madagascar. Détails du bas-relief de la façade par Alfred Janniot.

fenêtres). Janniot lui-même dit s'être inspiré de la tradition du bas-relief indo-khmer ou javanais, dont les vides sont à peu près inexistants et où la composition remplit le cadre de l'architecture.
Mais on ne peut non plus écarter l'influence égyptienne, sensible dans la position des personnages, dont le corps est vu de face et la tête de profil. Imaginé très tôt par Laprade dans ses projets, on comprend tout l'enjeu d'un tel décor, aux dimensions exceptionnelles, qui devait d'emblée séduire le visiteur et l'inciter à entrer dans le palais ; Laprade l'avait bien compris, concevant, en guise de colonnade, des piliers carrés très fins qui permettent de voir le relief. Si le bâtiment se réclame d'une certaine modernité (béton, toit-terrasse, piliers carrés), le relief de Janniot l'inscrit dans le passé.
Ce mélange des deux, en lui-même original, et le caractère exceptionnel du décor envisagé emportèrent l'adhésion du comité technique. Un long travail préparatoire a précédé l'exécution du bas-relief, par Janniot et ses deux assistants : Charles Barberis (1888-1980) et Gabriel Forestier (1889-1969).

À partir de la documentation qu'il avait réunie (croquis au Jardin des Plantes, etc.), Janniot dessinait le carton; ses aides le reportaient sur la terre glaise, puis ébauchaient le modelé; Janniot apportait ensuite des retouches et les maquettes en terre se succédaient, de plus en plus grandes. Pour la taille directe dans la pierre, on recruta une trentaine de praticiens parmi lesquels de nombreux Italiens, dégrossisseurs et metteurs au point. On connaît des dessins préparatoires, mais aussi des études en plâtre et des réductions en bronze de certaines parties. Barberis et Forestier poursuivirent leur carrière (statues, monuments); Forestier réalisa notamment huit bas-reliefs en bronze pour la porte du musée d'Art moderne (1937).

**Bois et kola,**
Côte d'Ivoire.

**La toiture en gradins** au-dessus du forum.

# La toiture

Le mode de couverture adopté par Laprade, dont on a déjà souligné l'originalité et la modernité, peut être décrit ici de façon plus précise. La toiture se compose de cinq gradins superposés dont les plans verticaux sont des fenêtres et les plans horizontaux, débordants, empêchent les phénomènes d'éblouissement en réfléchissant la lumière vers le plafond. Les jours verticaux sont masqués à la vue des visiteurs par des auvents qui vont en diminuant au fur et à mesure que l'on s'élève, et qui supportent deux hauteurs de cellules recevant les lampes pour l'éclairage électrique. Grâce à ce dispositif, la source d'éclairage, naturelle ou artificielle, est invisible depuis la salle. La couleur blanche de l'ensemble contraste avec la polychromie des fresques♦. Laprade avait déjà conçu des couvertures en gradins au Maroc, qui permettent de lutter contre la chaleur excessive et d'éviter le dépôt de poussière. Si la source en est probablement marocaine, il est vrai que le gradin était alors à la mode, depuis l'immeuble de Henri Sauvage (1873-1932), rue Vavin (1911) jusqu'au projet de Mundaneum par Le Corbusier (1929); et, on l'a dit, plusieurs exemples figuraient dans l'Exposition de 1931. Quelle

**Enfilade de lanternеaux circulaires.**

qu'en soit l'origine, cette toiture demeure singulière dans le paysage architectural parisien. Concernant l'éclairage qu'elle induit, on ne peut manquer d'évoquer les débats qui avaient cours au sein des milieux muséaux : fallait-il privilégier l'éclairage direct ou indirect ? Les modes d'éclairage, naturel et artificiel, adoptés pour le musée des Colonies, furent remarqués très tôt par les spécialistes et mentionnés en 1934 à la conférence internationale de Madrid organisée par l'Office international des musées ; celui du forum, en particulier, fut jugé intéressant, même si l'on estima qu'il était peu probable que l'on en fasse une large application. Le Portland Art Museum, inauguré en novembre 1932, construit par l'architecte italien Pietro Belluschi (1899-1994), qui se réclamait du Mouvement moderne, offre un exemple très proche de l'application de l'éclairage indirect par lanterneaux.

***Fresque :*** *de l'italien* dipingere a fresco. *Procédé de peinture murale utilisant des couleurs délayées dans l'eau sur un enduit frais. Une des difficultés est que l'enduit frais n'autorise pas de retouches. Délaissée après la Renaissance, la fresque connaît un regain d'intérêt au* XX*e siècle. Différents procédés furent alors mis au point par les artistes (Stick B de Maurice Denis) ou par des industriels (Knapen).*

**Vue en contre-plongée du forum vers la toiture.**

# Le décor du bâtiment

**Tapis berbère** (de la tribu Aït Ouaouzguit) du début du XXe siècle, donné au musée national d'Art moderne en 1966 par Albert Laprade.

En haut du perron, on aperçoit le décor de la toiture de la galerie, fait de losanges et de carrés renversés. Pour le décor extérieur, Laprade a proposé des dessins inspirés de tapis berbères, qu'il avait pu voir au Maroc (le *Corpus des tapis marocains* par Prosper Ricard, dont la parution s'échelonne entre 1923 et 1934, présente des modèles de tapis de Rabat qui portent le même motif de losanges évidés que l'on appelle « macles » ou « losanges à redents ») et qu'il a fait traduire en fer forgé par les plus grands ferronniers de l'époque. Edgar Brandt (1880-1960) a ainsi réalisé, au rez-de-chaussée supérieur, les grilles d'imposte♦, les portes monumentales, les fenêtres, la balustrade de la galerie. Édouard Schenck (1874-1959) reprend des motifs approchants au rez-de-chaussée inférieur (fenêtres et portes de l'administration, sur la façade est).

♦***Imposte :*** *partie supérieure, dormante ou mobile, d'une baie de porte ou de fenêtre.*

# Le hall d'honneur

Lorsque l'on pénètre dans le vaste hall, le regard se porte sur le décor : en haut, face à l'entrée, la claire-voie en ferronnerie de Raymond Subes (1891-1970) – dont le modèle fut présenté au Salon d'automne de 1930 –, aux motifs étroitement entrelacés à la manière d'un moucharabieh ; et le bel ensemble de lampadaires à deux cônes en fer forgé, par le même artiste ; ces deux exemples témoignent de sa créativité. Au sol, on remarque des motifs en bandes, pour lesquels Laprade s'est inspiré, là encore, de tapis berbères, plus précisément de tapis noués de la tribu des Zemmour Chleuhs, dont la surface est divisée en larges bandes, avec différents motifs de chevrons.

Les tapis berbères, révélés en 1919 au public lors d'une exposition au pavillon de Marsan, à Paris, devinrent à la mode dans les années 1920 ; on pouvait en voir dans la villa de Raoul La Roche, construite à Paris par Le Corbusier entre 1923 et 1925. Devant les portes du forum, en revanche, le pavement s'inspire d'un ornement polynésien. Les sols du hall d'honneur, du forum et des halls contigus ont été réalisés, sur des dessins de Laprade, par la maison Gentil et Bourdet, fondée en 1903 à Boulogne-Billancourt par Alphonse Gentil (1872-1933) et François Bourdet (1871-1952), spécialisés dans le grès et la céramique pour la construction et l'ameublement.

**Vue du hall d'honneur.** Pavement de Gentil et Bourdet d'après des dessins de Laprade inspirés de tapis berbères ; ferronneries de Raymond Subes : au centre, œuvre de Barthélémy Toguo, *Road to Exile*, 2008.

# Le forum

Dans l'axe de la porte d'entrée s'ouvre l'ancienne salle des fêtes, qui accueillit, en 1931, de nombreuses festivités, des réunions et des congrès. Haut de 22,5 mètres jusqu'au lanterneau central et mesurant 39 mètres de côté, le forum

comporte de monumentales portes en bois exotique. La toiture est soutenue par quatre piliers creux, de section octogonale, qui portent deux balcons sur les côtés est et ouest, ainsi que la galerie de l'étage supérieur. Tout autour de la salle court une belle plinthe en marbre rose. Le forum se signale par son mode de couverture, par son décor peint et par son sol.

**Vue générale du forum avec les fresques,** les mezzanines et une partie de la toiture.

## Pierre-Henri Ducos de La Haille (Poitiers, 1889 – Saint-Martin-de-Ré, 1972)

Allégorie de la *Liberté* par Pierre-Henri Ducos de La Haille (mur ouest du forum).

Prix de Rome de peinture en 1922, Pierre-Henri Ducos de La Haille séjourne à la Villa Médicis, où il étudie les primitifs italiens et Raphaël. De retour en France, il se consacre à la fresque, apprise auprès de Paul Baudoüin (1844-1931) à l'École nationale supérieure des beaux-arts. En 1928, il peint son premier décor à l'hôtel de ville de Reims, dont s'inspirent les allégories du palais de la porte Dorée, en 1931. Il décore ensuite un hôtel particulier à Villeneuve-d'Ascq (1929), puis l'hôtel particulier du collectionneur Robert Mondor, à Cognac (1932). En 1934, il réalise son unique décor religieux, à l'église Saint-Pierre-de-Chaillot. Ducos de La Haille est également l'auteur de cartons de tapisserie (tentures sur les fleuves coloniaux) et de tableaux de chevalet (donation faite par la veuve de M. Mondor au musée de Cognac). Avec d'autres artistes de sa génération (Robert Pougheon, Louis Billotey, Jean Dupas), Ducos de La Haille incarne un courant artistique qualifié de « néo-maniériste ». Fidèle à l'allégorie et au thème de la nature nourricière, il est un des brillants représentants du renouveau de la fresque et du retour en grâce de la peinture figurative dans les années 1920-1930.

**La France et les Cinq Continents** par Pierre-Henri Ducos de La Haille (partie centrale du forum).

# Le décor peint

Le décor peint sur les murs par Pierre-Henri Ducos de La Haille, couvrant une surface de 600 mètres carrés, est un autre élément exceptionnel du forum ; il représente « L'apport de la France aux colonies », en contrepoint au bas-relief de Janniot. L'ensemble, qui comprend dix-huit compositions, a été peint en quelques mois par l'artiste et sept assistants, dont on peut lire les noms près de la porte. Ducos de La Haille a peint la scène centrale et les huit allégories, et ses élèves se sont chargés des autres compositions, à partir de ses cartons préparatoires. Le programme d'ensemble est le suivant : au centre, face à l'entrée, les Cinq Continents, puis, aux quatre angles, ainsi qu'au centre des deux murs latéraux, huit figures allégoriques féminines drapées à l'antique, sur fond de goélettes ; chacune est identifiable grâce à un phylactère♦ et à des attributs (la Paix accueille un Amour et un enfant noir ; la Justice, aux yeux bandés en guise d'impartialité, est accompagnée du bison et du chêne, symboles de force). Entre ces figures alternent des scènes faisant l'éloge de la colonisation, réalisées en collaboration avec Étienne Hauville (1896-1970), membre, comme Ducos de La Haille, de l'association La Fresque. La partie centrale (8 mètres sur 10), exécutée en quarante jours par Ducos lui-même, décrit la France drapée de rouge, offrant la colombe de la paix aux continents ; à ses pieds, l'Amour et la Treille, qui donne les vins de France ; derrière, le chêne montre sa force et le laurier rappelle son glorieux passé. La France tient la main de l'Europe ; de part et d'autre, figurent l'Asie (à gauche) et l'Afrique (à droite) juchées sur des éléphants et, au premier plan, allongées sur des hippocampes,

***♦Phylactère :*** *banderole à extrémités enroulées portant des légendes relatives à la scène représentée ou des mots exprimés par les personnages figurés. Fréquents dans la peinture de la fin du Moyen Âge (par exemple dans le thème de l'Annonciation, où l'ange Gabriel délivre un message à la Vierge). On le trouve plus rarement après la Renaissance. Ducos de La Haille l'utilise ici pour fixer les noms des allégories figurant sur ses fresques.*

**Caravelles** (mur sud du forum). En bas, **Activité productrice en Afrique du Nord** (mur ouest du forum). Pierre-Henri Ducos de La Haille.

l'Océanie et l'Amérique (tenant des gratte-ciel dans sa main). Au loin, des navires aux voilures blanches font écho à ceux peints au-dessus de l'entrée principale ; longtemps identifiés à des caravelles, symboles des grandes découvertes de la fin du Moyen Âge, il est maintenant établi qu'il s'agit de goélettes, apparues au XVIe siècle, utilisées notamment pour le transport des épices. Parmi les autres compositions, on remarquera : à droite de la fresque centrale, l'Architecture, avec Albert Laprade assis, un plan à la main, et l'Archéologie (un archéologue examinant un objet que l'on vient d'exhumer d'une tombe) ; à l'opposé, à gauche de la porte d'entrée, une grande scène autour de l'activité portuaire en Indochine (en lien avec le Commerce) ; à droite de la porte, une scène de tissage d'un tapis berbère ; puis, sur le mur suivant, un missionnaire délivrant des esclaves de leurs chaînes et, à l'autre bout, deux scènes autour de l'Hygiène et de la Santé, où l'on voit un médecin vaccinant une femme.
Le programme insiste sur l'opposition entre les modes de vie traditionnels des colonisés et la modernité du colonisateur (dans l'Agriculture, le soc de charrue s'oppose au tracteur ; à gauche des Cinq Continents, une partie consacrée à la Technique fait l'éloge du chemin de fer et

**La Technique,** mur nord (côté ouest) ; **l'Architecture,** mur nord (côté est). Pierre-Henri Ducos de La Haille.

de l'électricité), ainsi que sur la répartition des tâches entre le premier et le second. Si le colon a toujours le beau rôle, l'autochtone est souvent représenté dans une sorte d'âge d'or intemporel, vivant en harmonie au milieu d'une nature abondante, souvent dévêtu. On peut, bien sûr, faire de multiples lectures de cet ensemble magistral.

Une première observation s'impose : la correspondance avec le bas-relief de Janniot. On sait que les deux artistes, qui s'étaient fréquentés à la Villa Médicis, ont échangé de la documentation ; on peut ainsi mettre en rapport certains thèmes dans leurs œuvres respectives : la cueillette, la pêche, la chasse, les goélettes. Si l'on s'en tient

**Allégories de la Justice** (mur ouest du forum) et du **Travail** (mur est du forum). Pierre-Henri Ducos de La Haille.

à une lecture artistique, on note avant tout l'influence de la peinture italienne de la Renaissance et des maniéristes, que Ducos a étudiée à Rome, et qui se traduit dans les courbes sinueuses, l'horreur du vide, le hiératisme, l'absence de perspective (les compositions sont en frise ou étagées). L'artiste donne toutefois l'illusion de la perspective en modifiant l'échelle entre les motifs du premier plan et ceux du second plan. Les allégories sont figurées sous les traits de femmes plantureuses dans la force de l'âge. Certaines d'entre elles, comme la Liberté ou le Travail, découlent de l'iconographie révolutionnaire (bonnet phrygien, attitude martiale), parfois mêlée à la mythologie (la Liberté, les bras levés, donne la direction à suivre au cheval Pégase, symbole de la poésie et de la fantaisie). La Science, assise, un genou relevé, avec livres, compas et mappemonde, offre, quant à elle, un lointain écho à *Melancolia* de Dürer. Il se dégage de l'ensemble une grande force décorative, due aux aplats de couleurs vives,

**Activité portuaire en Indochine** (mur sud du forum, côté est). Pierre-Henri Ducos de La Haille.

où dominent le rouge, le vert et le blanc, et aux qualités plastiques des figures ; mais aussi une certaine monumentalité, résultant des corps puissamment modelés, qui procure une impression de relief. Comme d'autres grands décorateurs de sa génération (Jean Dupas, Robert Pougheon), Ducos se plaît à évoquer un passé mythique, idéalisé, où la nature semble suffire au bonheur de l'homme, un âge d'or qu'il a également peint dans le décor de l'hôtel d'Haussy, à Villeneuve-d'Ascq. Par son décor peint, la salle des fêtes amplifie et magnifie l'écho du message colonial, en faisant la démonstration de la vocation civilisatrice de la France. Si le relief de Janniot conserve un caractère intemporel, le programme idéologique du décor du forum est beaucoup plus affirmé, sans doute en raison de la solennité du lieu, dédié à des réceptions officielles. Le décor se prolonge dans les galeries en surplomb, peintes à 1 mètre du sol, à travers des fresques qui proposent un inventaire de la végétation tropicale : aloès, euphorbes, cactées. L'ensemble est peint à fresque, technique que Ducos avait apprise dans l'atelier de Paul Baudoüin à l'École des beaux-arts, et qui venait d'être perfectionnée grâce au procédé Knapen, permettant d'aérer et d'assainir les murailles afin d'éviter le salpêtre. L'artiste a réalisé là un véritable tour de force si l'on considère les difficultés générées par la technique même de la fresque, qui exige un travail rapide, et le peu de temps dont il disposait.

**Scènes de récolte et de chasse ; Abolition de l'esclavage** (mur ouest du forum). Pierre-Henri Ducos de La Haille.

**L'Hygiène** (mur ouest du forum), **la Santé** (mur nord du forum). Pierre-Henri Ducos de La Haille.

# Le pavement



Le troisième élément remarquable du forum est son pavement, en grès cérame et en verre doré. Si, dans la plupart des cas, Gentil et Bourdet s'adonnaient à un travail purement décoratif, il leur est arrivé de faire des incursions dans le domaine archéologique. Les motifs de ce sol sont dans cette veine, d'un style archaïque et traduits dans une gamme chromatique limitée (noir, rouge, jaune, or). Le décor du pourtour emprunte ses motifs aux arts anciens et modernes de l'empire colonial d'Asie, puisant dans le répertoire indo-khmer : signes de longévité, dragons affrontés, paons. On y voit Ratshassis, ancienne divinité du Laos ; les silhouettes dansantes de grands guerriers casqués, probablement issues du *Ramayana* ; un petit éléphant bouddhique ; un grand dragon-serpent à la gueule ouverte. Sous le parquet, la partie centrale comprend un décor de striures d'or et de carrés noirs sur fond rouge, de svastikas et de croix à deux branches potencées, inspirées de masques dogon.

**Détails du pavement** en grès cérame et verre doré de Gentil et Bourdet. Dragons, fleur, éléphant.

## Les deux halls latéraux

De part et d'autre du forum s'ouvrent deux halls, dits des Écorces peintes (auditorium Philippe De Witte) et des Nouvelles-Hébrides (hall Marie Curie), du nom des collections océaniennes qu'ils ont abritées. Longs de près de 30 mètres et larges de 15,5 mètres, coupés à mi-hauteur par un balcon, leur système de couverture est conçu sur le même principe que celui de la salle des fêtes, mais constitué de trois niveaux de gradins seulement ; un éclairage artificiel est diffusé par les rampes lumineuses qui, vues d'en bas, forment des balustrades. On peut voir, dans le hall Marie Curie, le sol décoré de grands losanges noirs et gris sur fond rouge, d'un bel effet vu d'en haut. Le commissaire général et le ministre des Colonies recevaient leurs invités de marque dans les deux salons d'apparat situés à chaque extrémité du hall. Le mobilier, mis en dépôt par les ensembliers pendant la durée de l'exposition, fut acheté en novembre 1932 par le musée des Colonies.

## Le salon Lyautey

À l'est, le salon Lyautey rend hommage aux « Apports intellectuels et spirituels de l'Asie ». Le décor a été peint par Ivanna (1893-1973) et André-Hubert Lemaître

**Luminaire en métal** à deux vasques par Raymond Subes, 1931, et **bureau du maréchal Lyautey,** bois de palmier Patawa, par Eugène Printz, 1931.

## Les ensembliers

Les « ensembliers » concevaient l'ensemble d'un décor, du gros mobilier aux accessoires. Défenseurs de la grande tradition, habitués à exposer au Salon des artistes décorateurs (SAD) et dans les grandes expositions (1925, 1937), ils décorent aussi bien des bâtiments officiels, des paquebots, des hôtels particuliers que des boutiques de luxe. Le palais de la porte Dorée témoigne du travail de plusieurs d'entre eux : Eugène Printz et

(1885-1965), artistes qui se sont illustrés dans de nombreux décors monumentaux (École nationale des arts et métiers, école maternelle du boulevard Davout, chapelle de l'Institut catholique de Toulouse, église Sainte-Jeanne-d'Arc à Meudon, église du Saint-Esprit à Paris). Ici, ils se sont inspirés des grandes figures spirituelles de l'Asie et des mythes védiques. Le panneau le plus imposant, à gauche de l'entrée, met en scène les trois grandes figures de Krishna, du Bouddha et de Confucius. En haut, Krishna divertit de sa flûte les villageoises et Radha, sa favorite ; plus bas, assis sur les marches d'un escalier décoré de dragons, Confucius enseigne les préceptes de sa doctrine à ses disciples ;

**Vue du salon Lyautey,** dont le décor peint par André-Hubert et Ivanna Lemaître est dédié aux « Apports spirituels et intellectuels de l'Asie ».

Jacques-Émile Ruhlmann, ou les ferronniers Edgar Brandt, Édouard Schenck et Raymond Subes. Ils y faisaient la démonstration de leur savoir-faire en même temps que la promotion des matières premières importées des colonies, telles que les bois dont sont constitués les deux salons d'apparat.
Autodidacte, Jacques-Émile Ruhlmann (1879-1933) crée en 1919 son agence de décorateur, puis, en 1923, ses ateliers d'ébénisterie. Remarqué à l'Exposition de 1925, avec l'« hôtel du collectionneur », Ruhlmann incarne l'ébénisterie de luxe, mêlant les bois précieux, l'ivoire, la nacre, le galuchat en des créations toujours renouvelées.
Eugène Printz (1889-1948) s'est formé dans l'atelier familial, faubourg Saint-Antoine. Surnommé le « prince du palmier », il se distingue par des créations aux lignes courbes, privilégiant l'élégance du dessin, le raffinement des combinaisons entre les différents matériaux. Il collabora à l'aménagement de la Maison de verre de Pierre Chareau.

**Bureau du ministre Paul Reynaud** en ébène de Macassar et galuchat, par Jacques-Émile Ruhlmann, 1931.

**Les trois figures du Bouddha, de Krishna et de Confucius,** peinture à fresque, André-Hubert et Ivanna Lemaître.

à gauche, le Bouddha trône dans une conque aux volutes faites de serpents et sa compassion rayonne sur les hommes qui, à ses pieds, soulagent leurs détresses. À droite de l'entrée, une caravane d'éléphants chargée de produits se dirige vers le fleuve qui relie l'Orient à l'Occident. Dans les autres parties se développent, sur fond de végétaux et de montagnes (cimes neigeuses de l'Himalaya ou cimes boisées du mont Meru), les thèmes de la danse (danseuses du Cambodge), de la musique, de la sculpture. Enfin sont évoqués les quatre éléments, à travers des scènes conçues en deux registres, qui mêlent le surnaturel (registre supérieur) et le monde terrestre (registre inférieur). Celle consacrée à l'eau montre le dieu Varuna et des pêcheurs sillonnant les eaux en quête de leur nourriture quotidienne. Une autre scène fait l'éloge du feu : le dieu Agni apporte la vie et un petit enfant s'épanouit à son souffle. Celle consacrée à la terre donne à voir Rama, le législateur, chassant les bêtes féroces pour que les hommes puissent s'adonner à leurs tâches nourricières. Au-dessus, sur le mur faisant une avancée, est figurée la Déesse-Mère de l'humanité. Le dessin est fin et

**Caravane d'éléphants,** dessin préparatoire pour le décor du salon Asie, Ivanna Lemaître, vers 1930.

léger, les couleurs, d'une tonalité jaune pâle relevée de quelques notes vives, sont douces, comme pour s'accorder à la sérénité ambiante. Le style est fluide et symbolise l'éternel retour. On connaît des esquisses préparatoires, dont certaines proposent des projets pour le plafond (musée du quai Branly).

## Le mobilier

Eugène Printz choisit, pour le mobilier, un bois de palmier Patawa (écorce de palmier du Gabon), qu'il affectionnait, dont la tonalité claire s'accorde bien avec les peintures. Ce bois devant être traité au rabot fin exigeait une dextérité particulière et augmentait le prix des meubles. Printz réalisa dans un premier temps le décor fixe du salon : les deux grandes portes monumentales de 5,4 mètres de haut, à placage de bois de palmier et serrurerie en bronze doré ; les chambranles, la plinthe, les portes du placard ; le parquet, à fond jaune en bois du Gabon, agrémenté de motifs en ébène et en palissandre ordonnés selon un dessin concentrique. Dans un second temps, l'ébéniste disposa le mobilier : un grand bureau à double plateau en palmier Patawa et en bronze, une table à dessin et deux tables-lampes dans les mêmes matériaux, des fauteuils en bois laqué à accoudoirs cintrés et garniture de velours. Il s'agit là d'un mobilier d'exception, de pièces uniques dont on soulignera l'élégance, le mouvement créé par les lignes courbes, l'heureuse combinaison du bois et du métal, en particulier dans le bureau. Originale est la forme des deux lampadaires à double éclairage avec une tablette pivotante soutenue par un arc de métal ; les diffuseurs, en forme de corolle, répondent aux lampadaires du hall par Subes. Cet ensemble est représentatif de la production de Printz autour de 1930, à la fois pour le choix du bois, auquel le métal est subordonné, pour les lignes sinueuses et pour le double plateau.

**Table-lampe et table à dessin,** bois de palmier Patawa, Eugène Printz, 1931.

## Le salon Reynaud

À l'opposé, le salon conçu pour Paul Reynaud, ministre des Colonies, est décoré de peintures murales par Louis Bouquet et meublé par Jacques-Émile Ruhlmann. Bouquet, qui fut recommandé à Laprade par l'architecte lyonnais Tony Garnier et par Alfred Janniot, s'est adjoint trois collaborateurs : Émile Boudon, Moïse Arnaud et

## Louis Bouquet (Lyon, 1885-1952)

Après une formation à l'École nationale supérieure des beaux-arts de Paris, Louis Bouquet collabore, en 1912, au décor du plafond du théâtre des Champs-Élysées auprès de Maurice Denis, puis à l'église Saint-Paul de Grange-Canal, en Suisse. La suite de sa carrière le confirme comme auteur d'importants décors monumentaux, réalisés selon la technique de la fresque : le palais de la porte Dorée (1931), l'hôtel de ville de Puteaux (1933), l'hôtel des postes de Lyon (1937-1939), le lycée Turgot de Limoges (1938), les églises parisiennes du Saint-Esprit (1933) et de Saint-Ferdinand-des-Ternes (1943). Bouquet est par ailleurs reconnu comme peintre de chevalet et graveur sur bois (nombreuses illustrations d'ouvrages). Si le primat de la ligne et les tons camaïeux traduisent l'influence de Pierre Puvis de Chavannes et des nabis, sensible à ses débuts, il a également regardé les cubistes. Ses sujets sont d'inspiration classique (l'Arcadie, le paradis terrestre, Orphée), mêlant allégorie et mythologie. On note une remarquable unité dans son œuvre, quel que soit le support.

**Vue d'ensemble du salon Reynaud,** dont le décor peint par Louis Bouquet est dédié à l'Afrique.

Pierre Berjole. Le décor, sur le thème de « L'apport intellectuel et artistique de l'Afrique française », comprend cinq parties : deux grandes compositions savantes, de part et d'autre de l'entrée, et trois autres, qui célèbrent les arts et les sciences. La plus grande, à droite de l'entrée, consacrée à l'Afrique noire, reprend l'iconographie traditionnelle de l'Olympe. On y voit Apollon chantant sous l'inspiration d'une muse de couleur noire, enlacée par une liane immense, qui court tout autour du salon ; derrière, la blancheur de Pégase contraste avec le corps foncé de la muse. De part et d'autre, des bêtes sauvages animent la forêt vierge. En bas, devant des bâtiments en terre crue de couleur rose, dont l'un s'inspire de la mosquée de Djenné, évoluent des danseurs et des musiciens (allégories de l'Âme vive, de l'Instinct, du Rythme et de la Danse). Les corps sont vigoureux, emportés par le rythme de la musique, en symbiose avec la végétation environnante. L'ensemble, aux couleurs chatoyantes, célèbre, en une vision certes passéiste, les Africains vus par les colons, représentés nus, à l'état de sauvages vivant dans la forêt. À l'Afrique mystérieuse et à la nudité des corps dansants s'opposent l'Afrique savante du monde arabo-musulman et ses vêtements traditionnels, dépeints dans les autres parties. La deuxième grande composition, à gauche de l'entrée, montre une allégorie de l'Islam, où l'on reconnaît Mahomet et l'ange et la Prière, la Fatalité, l'Acceptation ; au premier plan, un chevalier combat le mal, symbolisé par un dragon, thème commun au christianisme et à l'iconographie musulmane. Par l'évocation de ces symboles s'ébauche une rencontre entre les deux religions.
Les autres parties du décor renvoient à la culture musulmane, à l'architecture et à la musique. Trois panneaux développent, sur fond de mosquées, de palais et de paysages, des scènes de la vie quotidienne, de la vie intellectuelle et artistique du Maghreb. On y voit des personnages qui enseignent, s'instruisent ou se livrent à la délectation artistique, et des

**Allégorie de l'Islam,** par Louis Bouquet. L'ange entoure d'une aile protectrice le prophète Mahomet ; le dragon terrassé représente le mal vaincu.

60 | **L'Afrique noire,** Louis Bouquet, peinture à fresque. Au centre, Apollon et sa muse par Jacques-Émile Ruhlmann.

humbles qui vaquent aux travaux de la vie ordinaire. Le Maghreb est peint à travers des couleurs lumineuses, rehaussées d'arabesques, dans une atmosphère où rayonne un art de vivre qui fascina l'Occident, dont témoignaient, par ailleurs, les peintures orientalistes exposées autrefois dans le hall d'honneur. Entre les minarets de Sidi-Okba et la grande mosquée de Tunis sont peintes la Poésie, l'Éloquence, les Mathématiques, l'Astronomie, l'Agriculture et la Pharmacopée. Il s'agit là de rendre hommage à une culture qui présente de nombreuses affinités avec la nôtre, liée à la France par une colonisation privilégiée, et de célébrer ce qu'elle nous a légué. Deux frises élégantes encadrent ce décor : une bande brune en dents de scie, en bas, et les rinceaux de la liane, en haut. Bouquet fit de multiples études préparatoires pour ce décor, recourant à la photographie pour assembler ses cartons à l'échelle. Il exposa ses maquettes et esquisses à la galerie de son ami lyonnais Joseph Billiet, installé à Paris. Séduit par ce décor, Laprade commanda au peintre un portrait collectif où ils figurent, aux côtés de Léon Bazin, Janniot, Ruhlmann et une muse noire devant le musée (coll. Barré-Laprade).

## Le mobilier

Par sa tonalité générale et par certains détails (les chevrons sur les vases de Subes font écho à la frise en dents de scie de Bouquet), le décor peint s'accorde parfaitement au mobilier, où dominent l'ébène et le cuir brun des fauteuils, créé par Jacques-Émile Ruhlmann qui affectionnait les bois précieux d'Amérique, associés à l'ivoire ou au galuchat♦. Pour ce salon, Ruhlmann a choisi l'ébène de Macassar. Dans un premier temps, il conçut le décor fixe : les deux portes monumentales et leurs poignées en corne de phacochères, la plinthe et le parquet ; ce dernier, réalisé en marqueterie d'ébène agrémentée d'un filet de bois clair (citronnier), est orné d'un motif de diagonales. Dans un second temps, Ruhlmann mit en dépôt ses meubles : un bureau à piètement en forme de lyre, en ébène et en bronze, gainé d'un plateau en galuchat rehaussé de filets d'ivoire ; une vitrine argentier ; quatre fauteuils clubs dits « éléphant »,

♦***Galuchat :*** *du nom d'un gainier parisien, Jean-Claude Galluchat, qui utilisa, à partir de 1740 environ, les peaux de raie ou de requins traitées selon des techniques médiévales japonaises ; teintes en vert, en rose ou en noir, elles conféraient aux petits objets et aux meubles qu'elles recouvraient un aspect exotique et précieux. Le galuchat fut de nouveau à l'honneur à partir des années 1910. Jean-Paul Iribe, puis André Groult, Jean-Michel Frank, Jacques-Émile Ruhlmann utilisèrent la raie à gros grains pour habiller leur mobilier. Ruhlmann s'en servit comme d'un placage pour certains meubles, comme le bureau de Paul Reynaud ; la peau de raie, poncée, présente un décor de losanges souligné de filets d'ivoire.*

à pieds en ébène et garnis de maroquin brun passepoilé de blanc ; deux chaises tripodes ; un fauteuil de bureau pivotant et basculant ; deux socles pour les vases. Grâce aux archives Ruhlmann, on sait que ces meubles reprennent des modèles créés quelques années plus tôt : le bureau emprunte à un modèle achevé en 1927 pour M. Jean Bloch (en loupe de noyer d'Amérique) ; la vitrine est une seconde version d'un modèle imaginé pour M. Zuccari ; les fauteuils « éléphant » furent élaborés en 1926 ; la chaise tripode dérive de la chaise *Manqbetou*, datant de 1929. Dans la vitrine sont disposés des objets (un socle porte-photos, un encrier de marbre, une lampe de bureau, un sous-main), également dessinés par Ruhlmann.
Pour compléter cet ensemble, Raymond Subes a conçu deux grands vases éclairants en laiton repoussé orné de motifs géométriques appliqués, dont la forme s'inspire d'un modèle créé par Ruhlmann en porcelaine de Sèvres pour le paquebot *Île-de-France* (1927).

**Vase-tulipe,** dit vase éclairant ou réflecteur, en laiton repoussé avec motifs géométriques, par Raymond Subes, 1931.

**Fauteuil club,** dit « éléphant », en cuir, par Jacques-Émile Ruhlmann.

## L'escalier d'honneur

Les contremarches de l'escalier sont revêtues de plaques de grès gris et blanc alterné, dans la tradition tunisienne. On notera les lustres en forme de doubles cônes au rez-de-chaussée, puis, en montant, les lustres plats et carrés. La rampe de l'escalier est l'œuvre de la maison Baguès qui, après avoir réalisé des luminaires, fut remarquée à l'Exposition de 1925 pour ses travaux de ferronnerie. Elle est agrémentée de motifs de palmes et de motifs en forme de lyres inspirés de troncs végétaux ; le motif central est composé de troncs de palmiers entrecroisés et de palmes, disposés autour de deux svastikas adossés inscrits dans un cercle (un premier projet prévoyait une panthère, jugée sans doute inappropriée par Laprade). Sur le palier s'ouvrent les galeries qui surplombent le forum où l'on présente, de façon chronologique (le début se situe à gauche), l'histoire du bâtiment depuis l'Exposition coloniale. On y voit, à côté de nombreux documents, quelques objets dignes d'intérêt, vestiges des collections des musées antérieurs : un panneau pédagogique rétroéclairé sur le thème du palmier à huile et un nécessaire de toilette en galuchat.

**Plafonnier carré.**

**Vue de l'escalier,** du palier et des plafonniers coniques.

## L'étage

En haut de l'escalier, on parvient au « prologue » (espace de médiation sur l'immigration). La galerie intérieure, couverte de trois grands lanterneaux carrés, surplombe le forum et permet de voir de plus près le système de couverture ; elle abrite la galerie des dons (dons faits par des personnes immigrées ou par leur famille).
Si l'on descend ensuite les cinq marches qui mènent à la galerie sud, on arrive à l'espace « Repères », où sont présentées les collections permanentes du musée national de l'Histoire de l'immigration, qui se développent autour de trois axes : histoire (documents, archives), anthropologie et art contemporain ; les trois galeries de ce niveau (celle située à l'ouest abrite les expositions temporaires) sont couvertes de lanterneaux circulaires. À l'occasion de visites guidées, on peut accéder à l'escalier nord, décoré de belles ferronneries par Gilbert Poillerat (1902-1988), et aux quatre grands dioramas.

## L'aquarium tropical

**Affiche « Aquarium. Musée de la France d'outre-mer »,** photographie d'André Steiner.

L'aquarium tropical, situé au rez-de-chaussée inférieur, fut ouvert en 1931. Sous la direction d'Antoine Gruvel, professeur au Muséum d'histoire naturelle, qui l'enrichit d'un terrarium, des décors avaient été commandés au sculpteur Robert Landois, qui ont disparu ; en revanche, sont conservées, en bas des escaliers, deux toiles marouflées représentant des planisphères localisant les principales ressources aquatiques. Ces peintures furent réalisées en 1931 par Franc Danis (1904-?), dont on connaît par ailleurs les cartons des vitraux de la chapelle du mont Sainte-Odile, en Alsace, ou des mosaïques pour l'hôpital de Plombières.

Albert Laprade joua un rôle déterminant dans la conception et la mise en place du décor. Fidèle dans ses collaborations,

## Un aquarium patrimonial

Ouvert en 1931, avec en son centre un grand planisphère lumineux, remplacé en 1934 par un terrarium, l'aquarium tropical attire depuis son ouverture des publics très divers. C'est là que les Parisiens et les visiteurs de l'Exposition coloniale ont pu découvrir l'extrême variété des formes et des couleurs des animaux aquatiques provenant des milieux tropicaux des territoires coloniaux. L'originalité des collections vivantes présentées a inscrit le lieu dans la mémoire des visiteurs. Depuis son ouverture, l'ambiance générale a été conservée et les prochains aménagements qui toucheront à la scénographie préserveront l'intimité du site, propice aux échanges entre les générations. Depuis 1931, le message transmis a, bien sûr, changé : d'une idée d'utilisation à des fins artisanales et industrielles de la faune nous sommes passés à un discours expliquant la nécessité absolue de préserver ces milieux et de maintenir cette biodiversité extraordinaire, mais pourtant menacée. Aujourd'hui, l'aquarium est riche de 750 espèces et de 15 000 individus. Des expositions y sont organisées, qui permettent de mieux faire connaître le monde aquatique et de sensibiliser le public à sa préservation.

Dominique Duché

il fit souvent appel à des artistes qu'il connaissait déjà et qu'il sollicitera à nouveau sur d'autres chantiers (par exemple, Raymond Subes participera au décor de l'ambassade d'Ankara, à la Maison de Cuba et au tombeau de Lyautey aux Invalides). Pour les trois ensembles peints, dont la commande fut passée tardivement, en juin 1930, Laprade dut demander aux artistes « un léger sacrifice d'amour-propre pour concourir au meilleur effet d'ensemble ». Bâtiment unique en son genre, nourri de références historiques et mythologiques, le palais de la porte Dorée s'inscrit néanmoins dans son temps, tant pour son mode constructif que pour son décor. Il consacre le renouveau de l'art monumental dans l'architecture civile, le renouveau de l'art figuratif et celui des arts décoratifs.

**Vue actuelle de l'aquarium** avec sa nouvelle scénographie.

## Orientation bibliographique

**Guy Bujon et Jean-Jacques Dutko,** *Eugène Printz*, Paris, éditions du Regard, 1986.

**Collectif,** *Musée national des Arts africains et océaniens. Guide*, Paris, RMN, 1987.

**Catherine Fournier,** *Marius-Ary Leblond, écrivains et critiques d'art*, Paris, L'Harmattan, 2001.

**Germain Viatte et Dominique François,** dir., *Le Palais des Colonies. Histoire du musée des Arts d'Afrique et d'Océanie*, Paris, RMN, 2002.

**Edwige Anne Demeurisse,** dir., *Alfred Auguste Janniot (1889-1969)*, Paris, Somogy, 2003 (avec traduction en anglais).

**Emmanuel Bréon et Rosalind Pepall,** dir., *Ruhlmann : un génie de l'Art déco*, cat. exp., Boulogne-Billancourt, musée des Années trente, 2001-2002, et Montréal, musée des Beaux-Arts, 2003, Paris, Somogy, 2006.

**Maurice Culot et Anne Lambrichs,** *Albert Laprade : architecte, jardinier, urbaniste, dessinateur, serviteur du patrimoine*, Paris, Cité de l'architecture et du patrimoine – Norma, 2007.

**Florence Camard,** *Jacques-Émile Ruhlmann*, Saint-Rémy-en-l'Eau, éditions Monelle Hayot, 2009.

**Philippe Dufieux,** *Louis Bouquet : le peintre, le poète et le héros*, Montreuil, Lienart éditions, 2010.

**Annie Claire Auliard-Villain et Jean-Pierre Dussaillant,** *Pierre-Henri Ducos de La Haille (1889-1972)*, cat. exp., musées de Cognac, 2010.

**Karin Blanc,** *Ferronnerie en Europe au XX^e^ siècle*, Saint-Rémy-en-l'Eau, éditions Monelle Hayot, 2015.

**Brigitte Blanc,** *La Cité internationale universitaire de Paris. De la cité-jardin à la cité-monde*, Lyon, Lieux Dits, coll. « Patrimoines d'Île-de-France », 2017.

**Katharina Dohm, Claire Garnier, Laurent Le Bon et Florence Ostende,** dir., *Dioramas*, cat. exp., Paris, palais de Tokyo, 2017, et Francfort-sur-le-Main, Schirn Kunsthalle, 2017-2018, Paris, Flammarion, 2017.

**Laurent Delacourt,** *Léon Jaussely. Un pionnier solitaire*, Paris, Éditions du patrimoine, coll. « Carnets d'architectes », 2017.

## Remerciements

Anne Demeurisse, Pierre-Alix Binet (mairie du XII^e^) et Jean-Michel David.

## Légendes

**BNF :** Bibliothèque nationale de France, Paris.
**CMN :** Centre des monuments nationaux, Paris.
**RMN :** Réunion des musées nationaux, Paris.

**Couverture**
1^re^ : bas-relief d'Alfred Janniot (détail).
4^e^ : détail du pavement du forum. Danseur casqué.
1^er^ rabat ext. : voir p. 47.

**Visite, p. 26**
Détail du bas-relief d'Alfred Janniot.

**Chronologie**
De gauche à droite et de haut en bas :
• Repères chronologiques : le Grand Palais vu depuis l'avenue Alexandre-III (actuelle avenue Winston-Churchill), Deglane, Louvet, Thomas et Girault, coll. part., CMN/Berthe Riou ; temple d'Angkor Vat, Exposition coloniale de 1931, DR.
• Histoire du palais de la porte Dorée : statue de la France par Léon Drivier, voir p. 14, Henri Manuel/Musée national de l'histoire de l'immigration, palais de la porte Dorée, Paris ; vue de l'aquarium, photo Anne Volery ; vue de l'escalier, voir p. 61 ; affiche « *Ciao Italia !* », voir p. 24, Musée national de l'histoire et des cultures de l'immigration (DR).

## Crédits photographiques

BNF : p. 4 ; COARC/Roger-Viollet : p. 6 ; Collection Roger Viollet/Roger-Viollet : p. 14-15 ; Jean-Michel David : p. 8 ; Roubaix, archives du monde du travail/Jaussely : p. 9, 10-11h ; Jean Gilbert : p. 10b, 15b, 33b ; Lorenzo : p. 2b, 3, 13b, 16-17, 44-53, 54b, 56h, 57, 59-61, 4^e^ de couv. ; Pascal Lemaître : p. 1-2h, 26-29, 32-33h, 34-39, 40-41 ; Henri Manuel/musée national de l'Histoire de l'immigration, palais de la porte Dorée, Paris : p. 14b ; Cyril Sancereau : p. 30-31, 42-43b ; Muséum national d'histoire naturelle : p. 62 ; Anne Volery : p. 63 ; musée national de l'Histoire et des Cultures de l'immigration (DR) : p. 22, 24-25 ; RMN-GP (musée du quai Branly – Jacques Chirac)/image RMN-GP : p. 12-13h ; musée du quai Branly – Jacques Chirac, Dist. RMN-GP/Léo Delafontaine : p. 18b, 19b ; DR : p. 19h, 21h ; RMN-GP (musée du quai Branly – Jacques Chirac)/Jean-Gilles Berizzi : p. 18h, 42h, 55b, 57b ; RMN-GP/Jean-Gilles Berizzi (DR) : p. 20 ; musée du quai Branly – Jacques Chirac, Dist. RMN-GP/image musée du quai Branly – Jacques Chirac (DR) : p. 21b ; RMN-GP/image musée du quai Branly – Jacques Chirac (DR) : p. 56b ; RMN-GP/Daniel Arnaudet/Jean Schormans : p. 54-55h ; RMN-GP (musée national de l'Histoire de l'immigration)/Jean-Gilles Berizzi : p. 58-59h.



**Palais de la porte Dorée**
Directrice générale
**Hélène Orain**
Secrétaire général
**Yannick Loué**
Directrice du bâtiment et de la programmation culturelle
**Christine Piquéras**
Cheffe du service de la conservation architecturale
**Hélène Bocard**
Département des éditions
**Marie Poinsot**

**Centre des monuments nationaux**
Président
**Philippe Bélaval**
Directrice générale
**Bénédicte Lefeuvre**

**Éditions du patrimoine**
Directeur des éditions
**Antoine Gründ**
Responsable des éditions
**Catherine Donzel**
Responsable de la fabrication
**Carine Merse**
Responsable de la collection
**Alix Sallé**
Réalisation graphique et infographie
**Marc Brugier**

Suivi éditorial
**Laurence Peydro**
Correction
**Anne-Claire Juramie**
Conception graphique
**Atalante/Paris**
Photogravure
**Jouve Orléans, Ormes**
Impression
**PBtisk, Pribram, République tchèque**


Dépôt légal : mai 2018
ISSN 1159-1722
ISBN 978-2-7577-0599-5